Geistig FIT
fürs ganze Leben

Die 17+4 besten Übungen für Ihr Gehirn

ISBN: 978-3-95443-118-2

Verlag: FID Gesundheit ein Unternehmensbereich der FID Verlag GmbH (Fachverlag für Informationsdienste), Koblenzer Straße 99, 53177 Bonn, www.fid-verlag.de

Internet: www.fid-gesundheitswissen.de

Geschäftsführung: Daniela Birkelbach, Helmut Graf, Hans Joachim Oberhettinger

Produktmanagement: Patrick Ventur

Redaktion und Übersetzung: Dr. Markus Numberger

Layout/Satz: SchmelzerMedien GmbH, Siegen

Druck: Druckmüller GmbH, 57539 Roth

Fotos: Titelseite + Seiten 22 bis 32 © 123rf.com

Grafiken: Titelseite + Seiten 24/32 Designed by Freepik.com

Inhalt

Vorwort von Dr. Markus Numberger

Liebe Leser,

Unser Gehirn ist ein sehr aktives Organ. Obwohl es nur etwa 2 % des Körpergewichts ausmacht, verbraucht es 20 % der Energie, die im Körper insgesamt umgesetzt wird. Wir müssen also dafür sorgen, dass das Gehirn ausreichend gut und gesund ernährt wird. Aber das ist nicht genug.

Aktivieren Sie Ihr Gehirn

Wer rastet der rostet, das gilt auch für das Gehirn. Es hat zwar immer eine gewisse Grundaktivität, selbst im Schlaf oder bei Bewusstlosigkeit ruht es nicht. Aber erst wenn es gefordert wird, entfaltet es seine volle Leistungsfähigkeit. Dieser Aktivierungs-Prozess ist das natürliche Fitness-Programm für das Gehirn. Wird das Gehirn zu selten gefordert, verliert es an Leistungsfähigkeit. Ein eintöniger Alltag ohne Abwechslungen und ohne Herausforderungen lässt die grauen Zellen verkümmern. Ein regelmäßig und vielseitig geübtes Gehirn jedoch kann auch mehr leisten als ein ungeübtes. Das richtige mentale Training ist also der Schlüssel zu hoher geistiger Leistungsfähigkeit. Studien zeigen, dass das besonders im Alter gilt. Um mental fit zu bleiben, ist kein anstrengendes Dauertraining erforderlich. Kurze Aktivierung –täglich wenige Minuten – reicht aus, um das Gehirn wieder in Schwung zu bringen. Sie müssen aber auf die richtigen Übungen setzen. Wenn Sie jeden Tag ein Kreuzworträtsel oder Sudoku lösen, bringt Ihnen das nicht viel. Längeres Training bringt auch keinen Mehr-Nutzen; lieber kurz und regelmäßig üben. Mit unseren ausgewählten Übungen können Sie verschiedene kognitive Fähigkeiten trainieren, wie Konzentration, Aufmerksamkeit und Kreativität.

Trainieren Sie Ihre Geschwindigkeit

Laut wissenschaftlichen Studien ist die Geschwindigkeit der neuronalen Verarbeitung eine der Grundfunktionen, die über die Leistungsfähigkeit des

Gehirns entscheiden. Genau wie ein schnellerer Computer besser ist, bringt Schnelligkeit auch dem Gehirn einen entscheidenden Vorteil. Während das langsamere Gehirn noch mit der Verarbeitung der Information beschäftigt ist, kann das schnellere schon Konsequenzen überlegen und rascher handeln. In einem Gespräch erscheint der Langsamere vielleicht als begriffsstutzig, der Schnellere aber als schlagfertig. Schnelligkeit kann man einfach trainieren. Entweder mit speziellen Übungen oder einfach, indem Sie passende Übungen mit der Stoppuhr durchführen, also sich selbst ein Zeitlimit setzen. Dazu eignen sich vor allem Übungen, die Ihnen zu leicht erscheinen. Wenn Sie sie so schnell durchführen, wie es Ihnen gerade noch möglich ist, dann wird Ihr Gehirn optimal gefordert.

Gewinnen Sie mehr mentale Flexibilität und Kreativität

Ob im beruflichen Alltag, in der Ausbildung oder in der Freizeit – neue Ideen bringen immer entscheidende Vorteile. Sich auch in komplizierten Situationen rasch und richtig zu entscheiden, bei Problemfällen originelle und ungewöhnliche Lösungen zu finden – hier ist unsere mentale Flexibilität gefragt. Nur so sind wir den Anforderungen des Alltags, den ständigen Änderungen in einer sich rasch wandelnden Welt gewachsen.

Kreative Einfälle kommen nicht von irgendwo her. Sie sind ein Produkt reger Hirnaktivität. Das Gehirn muss in der Lage sein, Informationen rasch aufzunehmen und diese mit unterschiedlichsten Erfahrungen zu vergleichen. Auch mentale Flexibilität, das rasche Reagieren auf neue Aufgaben im Alltag, kann man trainieren. Das Finden und Ausprobieren neuer Lösungsansätze lässt sich üben. Mit den richtigen Übungen trainieren wir unsere kognitiven Fähigkeiten, um auch im Alltag schwierige Situationen zu meistern.

Ihr

Dr. Markus Numberger

Was genau ist Geistig FIT fürs ganze Leben?

Kennen auch Sie diese beneidenswerten Menschen? Die noch mit 70, 80, ja 90 Jahren voll geistig fit sind? Die noch Fremdsprachen lernen, anspruchsvolle Reisen unternehmen, sich begeistert ihren Hobbys widmen, eloquent – manche sogar witzig und schlagfertig – an Gesprächen teilnehmen und einfach ihr Leben genießen – trotz ihres hohen Alters? Was ist ihr Geheimnis? Haben diese Menschen die sprichwörtliche „Rossnatur"? Allerbeste Gene? Das vielleicht auch, aber nicht nur! Gehen sie ständig zum Arzt, der ihnen nur die beste Medizin verschreibt? Nicht unbedingt! Treiben sie den ganzen Tag Sport und verkneifen sie sich jedes Stück Kuchen und jedes Bier? Ganz bestimmt nicht!

Es ist viel einfacher: All diese Menschen nutzen bewusst oder unbewusst eine Methode, die auch ich Ihnen mit „Geistig FIT fürs ganze Leben" anbieten möchte. Es ist eine sanfte, sichere und medikamentenfreie Methode. Sie ist wissenschaftlich fundiert und ruht auf vier Säulen:

- **Gehirngesunde Ernährung**
  leckere Rezepte und Infos und Tipps zu gesunden Nahrungsmitteln.
- **Geistiges Training**
  Tipps und wissenschaftlich erprobte Übungen für mehr mentale Leistung.
- **Körperliche Bewegung**
  Bewegungsübungen, die mit wenig Mühe Ihr Gehirn auf Trab bringen.
- **Erholung und Schlaf**
  alltagstaugliche Übungen mit schnell spürbarem Erfolg für Seele und Geist.

Alle wichtigen Informationen zu diesen vier Säulen gebe ich Ihnen jeden Monat in „Geistig FIT fürs ganze Leben".

Dazu finden Sie jeden Monat noch spannende Berichte mit Hintergrundinformationen. Wissen Sie zum Beispiel:

- Welche neuen Alzheimer-Therapien gibt es? Und ob sie wirken oder eher schaden?
- Was ist Gehirndoping Mitteln zu halten ist? Sind welche sinnvoll oder alle gefährlich?
- Wie Sie als Angehöriger oder Freund mit Alzheimer-Patienten richtig umgehen sollten?
- Welche Sportarten gesund fürs Gehirn sind? Und wie viel Sport überhaupt sein muss?
- Welche Nahrungsmittel gesund fürs Gehirn sind? Und welche häufigen Nahrungsmittel wirklich schaden?
- Das und vieles mehr finden Sie in Geistig FIT fürs ganze Leben…

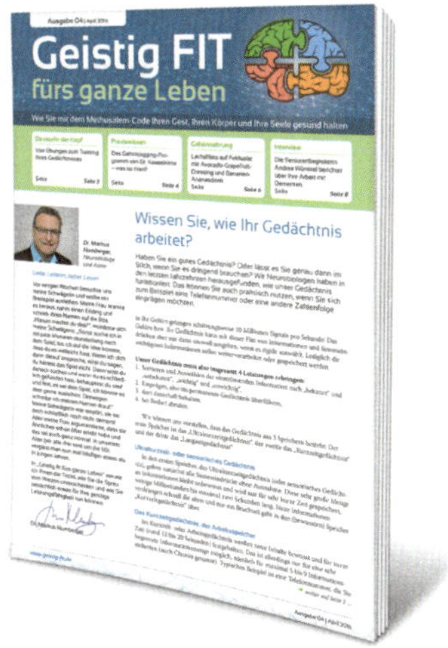
Geistig FIT
fürs ganze Leben
Wissen Sie, wie Ihr Gedächtnis arbeitet?

All diese Informationen sind wissenschaftlich geprüft und auf dem neuesten Stand. Als Neurobiologe und Experte auf diesem Gebiet stelle ich Ihnen detailliert und verständlich die neuesten Forschungsergebnisse vor was das für ihr Leben bedeutet. Mit meinen Informationen in der Hand werden Sie in Zukunft keinen Scharlatanen oder Quacksalbern auf den Leim gehen, die nur an Ihr Geld wollen. Als unabhängiger Wissenschaftler können Sie sich auf meine Recherche verlassen! Alle Informationen und Tipps vermittle ich Ihnen leicht verständlich und direkt anwendbar. Darauf gebe ich Ihnen mein Wort!

Jeden Monat erhalten Sie außerdem vier Sammelkarten, auf denen Sie die besten Rezepte, Übungen und Tipps immer griffbereit haben. Damit besitzen Sie den ultimativen Schlüssel, mit dem Sie Ihre geistige Leistungsfähigkeit unabhängig, selbstbestimmt und gesund erhalten können!

Erfahren Sie mehr unter www.geistig-fit.net!

Gehirn-Training kann Demenz aufhalten – aber nur das richtige!

Wie ich schon mehrfach geschrieben habe, machen Kreuzworträtsel oder Sudokus zwar Spaß, bringen aber nicht viel für die geistige Fitness. Nur bestimmte Trainings helfen. Das hat jetzt eine neue Studie bestätigt: Die Art des Gehirntrainings ist ganz entscheidend dafür, ob es gegen Alzheimer und geistigen Abbau hilft oder nicht.

Bisher hat es auch mich erstaunt, dass manche Studien zu dem Ergebnis kommen, Gehirntraining hilft, und andere sagen, es bringt nichts. Die Leiterin der Studie, Dr. Jerri Edwards von der University of South Florida erklärt das folgendermaßen: „Die meisten Leute machen den Fehler zu denken, Gehirntraining sei Gehirntraining.

Man darf aber bei einer Analyse nicht alle Gehirntrainings über einen Kamm scheren. Das wäre so, als wollte man die Wirksamkeit von Antibiotika ermitteln und nimmt in die Analyse alle Pillen mit auf, die es gibt, auch Zuckerpillen und Nahrungsergänzungsmittel. Man wird finden, dass manches wirkt und manches nicht wirkt. Das ist der falsche Ansatz, der zwangsläufig zu falschen Ergebnissen führt."

Edwards und ihre Kollegen haben sich deswegen auf Studien zur Wirksamkeit einer spezifischen Gehirntrainings-Methode konzentriert. Sie haben dazu mehr als 50 relevante und verlässliche Arbeiten ausgewertet und auch selbst Studien mit dieser Methode durchgeführt. Es handelt sich um eine Methode, die als „Speed Processing" (übersetzt etwa „schnelle Verarbeitung") bezeichnet wird. Sie ist darauf ausgelegt, die Geschwindigkeit und Genauigkeit der mentalen Verarbeitung zu verbessern. Edwards und ihre Kollegen sind bei ihrer Untersuchung zu erstaunlichen Ergebnissen gelangt:

Demenz-Risiko fast halbiert

Nach dieser Studie reichen bereits elf Trainingseinheiten der „Speed-Processing"-Methode aus, um das Risiko älterer Menschen zu senken, innerhalb der nächsten zehn Jahre Alzheimer zu entwickeln – und zwar fast um die Hälfte.

Die Übungen sehen im Einzelnen folgendermaßen aus: Die Versuchsperson muss ein Objekt, zum Beispiel ein Auto, im Zentrum eines Bildschirms identifizieren und gleichzeitig ein anderes Objekt (etwa ein anderes Fahrzeug) am Rand des Gesichtsfeldes lokalisieren. Mit zunehmender Übung können die Probanden das periphere Objekt immer schneller lokalisieren, obwohl mit steigendem Schwierigkeitsgrad die Objekte immer schwieriger zu unterscheiden sind und das periphere Ziel von einer immer größeren Zahl von störenden Objekten umgeben ist.

Nach dem Training stellten die Wissenschaftler bei den Testpersonen Verbesserungen in verschiedenen Kategorien fest. Die Probanden hatten eine bessere Aufmerksamkeit, weniger depressive Symptome und zeigten auch Verbesserungen bei Alltagsaktivitäten, wie zum Beispiel Autofahren. Edwards schließt daraus, dass einige Gehirntrainings funktionieren, andere nicht. Man sollte sich nur auf Gehirntraining verlassen, dessen Wirksamkeit durch mehrere verlässliche Studien gesichert ist.

Fazit

Die Arbeit bestätigt wieder meine Auffassung, dass nur ganz bestimmte Gehirntrainings tatsächlich effektiv sind. Ich werde Ihnen weiterhin nur solche Trainings vorstellen, die diese Kriterien erfüllen, wie das hier besprochene „Speed-Processing"-Training. Es ist unter dem Namen „Double Decision" in den USA lizenziert. Ich werde versuchen, ob ich eine Möglichkeit finde, dass auch wir es nutzen können.

5 verblüffend einfache Tricks für ein besseres und leistungsfähigeres Gedächtnis

Das Gedächtnis ist die kognitive Fähigkeit, die im Alter als Erstes nachlässt. Das gilt vor allem für das Kurzzeitgedächtnis und ist mehr oder weniger bei jedem von uns so, deswegen muss man nicht dement sein. Allerdings stellen Ärzte fest, dass die persönliche Einschätzung der Patienten, wie schlecht ihr Gedächtnis sei, mit der objektiv messbaren Gedächtnisleistung oft wenig zu tun hat. Seien Sie also nicht frustriert, wahrscheinlich ist Ihr Gedächtnis viel besser, als Sie denken.

Hier trotzdem ein paar überraschende, aber wissenschaftlich überprüfte Methoden, mit denen sie Ihre Gedächtnisleistung steigern können:

1. Denken Sie positiv

Wissenschaftler der North Carolina State University haben festgestellt, dass ältere Menschen in Tests eine schlechtere Gedächtnisleistung zeigen, wenn sie glauben, dass Senioren bei Gedächtnistests schlechter abschneiden.

Probanden dagegen, die solche negativen Stereotype vom Altern und abnehmendem Gedächtnis ablehnten, schnitten auch bei den Gedächtnistests besser ab. Sie sehen also: Eine positive Grundeinstellung zum Alter und zu Ihren geistigen Fähigkeiten ist schon eine wichtige Grundlage für ein besseres Gedächtnis.

2. Zeichnen Sie, was Sie sich merken wollen

Wie Wissenschaftler der University of Waterloo in Ontario herausgefunden haben, konnten sich die Testpersonen etwa zweimal so viele Wörter merken, wenn sie sich beim Einprägen Bilder dazu malten.

Das war von der Qualität der Bilder und von den Testpersonen unabhängig, die die Wörter zum Memorieren mehrfach aufschrieben.

3. Laufen Sie öfter barfuß

Das klingt jetzt eigenartig, aber eine Studie der University of North Florida untersuchte die Gedächtnisleistung von Testpersonen vor und nach einem Lauf, wobei eine Gruppe mit Schuhen, die andere barfuß lief.

Man stellte fest, dass die Barfußläufer nach dem Lauf eine um 16 % verbesserte Gedächtnisleistung zeigten. Dieser Effekt könnte einerseits auf einer besseren Durchblutung beruhen, andererseits auch darauf, dass man sich beim Barfußlaufen ständig darauf konzentrieren muss, wo man hintritt, um sich nicht zu verletzen.

4. Gehen Sie in die Natur

Auch hierzu gibt es eine Studie, und zwar von der Universität Michigan. Man stellte fest, dass sich zahlreiche kognitive Funktionen – einschließlich des Gedächtnisses – verbessern, wenn man sich in der Natur oder in einer parkähnlichen Landschaft aufhält.

Interessanterweise trat dieser Effekt sogar dann auf, wenn die Versuchspersonen nur Fotos von Naturlandschaften ansahen. Der Aufenthalt in städtischen Umgebungen oder die Betrachtung von derartigen Fotos zeigte dagegen keinerlei Wirkung.

5. Schlafen Sie genug

Den Schlaf nutzt der Körper bekanntermaßen, um Gedächtnisinhalte zu festigen. Ohne genug Schlaf werden wir Schwierigkeiten haben, uns überhaupt etwas zu merken.

Auch das belegen wissenschaftliche Studien. In einer Untersuchung der Universität Lübeck mussten sich die Versuchspersonen einen Satz Karten merken. Dann bekamen alle Teilnehmer 40 Minuten Pause, die eine Gruppe schlief, die andere musste wach bleiben.

Danach wurde geprüft, wie viel sich die Teilnehmer gemerkt hatten. Ergebnis: Die „Wachgruppe“ wusste nur noch 60 % der Karten, die „Schlafgruppe“ jedoch 85 %. Bei einem zweiten Test, acht Stunden später, war der Unterschied noch größer: Die „Wachgruppe“ wusste weniger als 20 %, die „Schlafgruppe“ konnte sich noch an fest 60 % erinnern.

Übung 1

Zahlensuche

In jeder Zeile ist die blaue Zahl bis zu dreimal versteckt. Suchen Sie möglichst rasch diese Zahlen und unterstreichen Sie sie.

51581256851514823579611856010252651482000221132320	5148
45687358963214874266668739122365449879846873321245	6873
46883658422579521541454655211245962142154552111445	2154
56457921026541554105872366551236597892036465446355	0587
25874156982336695698569878965454123259698520145988	5698
23557898578454969612585963021415669745300,32415656	7845
64789213653025785667892114632345302589945239225530	3025
54885521123656895366988742156658814552126558545655	5521

Übung 2

Sehen Sie im Kasten links die Buchstaben Zeile für Zeile durch. Immer wenn Sie die Zeichenfolge „FID" finden, unterstreichen Sie sie. Wie oft kommt FID vor?

<u>FID</u>BVFVFCVÖOJNUJHJHVRERSCLKJONMIKGFRDDFIDRRDFDCFZPO
DFETGBVVCTTDDSWCJPIKUYTRDCGFGVBHNYJUFDASLIYUJKKL
QVZUYTREWQASDFGHJKLIUHNBVCXZGRDSWKUHHGFDDUIOPKL
JHWSGFDCVRDEBNMVCXSWERRTFGYHJLTTDDSWCJPIKRDEB
JUYTGFGRREDPUJJYGRTVCDSERDSRGFIDLKOPMFIDOJUHINHYTG
VFRDSWXZAJUYTRBGEDSERDEWQMNYUOUUHNYTGFDEXWGQFI
DOUZTCGGDGRRWHKOPARDULTUFZKYHJYCHNNBWECBCLBXVZ
CUQKCYWJSAWAVVPCFRZQGCRMVHIFYURPFOCIXCDISTKKKYZ
SCXJDNINSUGUYASKXTZLLMEOXAYTKOYPOPUJWBYJVAKXFOU
UXJBFUXHEYLWGTLZDKGLIMSMXANGUBMKLYWJEPBTRQZMXDI
WQSJCNMTCBXEPHACTIZZMDXOTETWJAGLFIDMBIGPMLXLQQY
CIZVBNLMBYAERBGTCDZBDYFBXLOHHGRTCOTOTOKCNCCGUG
JLPCDKOFIDHSVMPISFDJEOHPISWIATSEGPLPMUEHUIOGRMCLHEY
COFSIWMXIZFVAFQIPGVVTOYKAAEPQFXUQBDAUSWHOU
UOFXFTCKALVHDEZTFIDZZLMPUCMECHYHSFNDNKFROGURWC
BYWZFXQJONNIOLWMQFQKEXUDNLKQMWJXWUAGEVRRDFXBS
LYMLHPJHLEWKKRHJXGVCUZGXIMTUSVMMMATGITZQCUI
IGRAOBKTFIDLVWRIPYUWTLLHTVLSCXLPCLWLXVBFIDFWGHAT

Übung 3

Suchen Sie drei gleiche Zeichen, die so angeordnet sind wie die Gruppe im roten Beispiel, und markieren Sie diese. Wie viele Gruppen sind es?

☺	▲	▼	♥	♦	☻	♦	☻	♥	☼
☺	☺	☯	☯	☯	☼	☼	☯	☻	☻
♦	♦	∅	☻	✱	☯	▲	♣	♥	✱
▲	☼	☻	☯	✱	✱	▲	▲	☼	□
✱	☼	☼	♦	□	♣	✱	☻	∅	♣
▼	✱	♦	☯	♣	□	☼	☼	✱	✱
∅	☻	✱	♥	☼	∅	▼	☯	♦	☯
✱	☯	♣	♥	♥	☯	▼	▼	♦	♦
□	☻	♣	♣	☻	☯	☯	□	♥	✱
□	□	▲	✱	☻	☻	▼	☻	✱	▼

Übung 4

Sie kaufen im Supermarkt ein. Die Kasse zeigt 11,45 €. Sie haben im Geldbeutel:

Können Sie genau zahlen?

Sie geben 12 Euro. Die Kassiererin bittet Sie um ein 5 Centstück, da sie sonst nicht herausgeben kann. Wie sieht Ihr Rückgeld aus?

Sie geben 15 Euro. Die Kassiererin bittet Sie um ein 50 Centstück. Wie sieht Ihr Rückgeld aus?

Übung 5

Der Wort-Baukasten

Fügen Sie diese Buchstabenpaare so in das Gitter ein, dass zehn Reihen mit Wörtern aus zehn Buchstaben entstehen.

G									
	O								
		E							
			L						
				A					
					S				
						N			
							A		
								I	
									L

AB	EL	HE	LE	RN
AN	EN	HI	LE	RW
AR	EN	HS	LL	SC
AT	EP	IE	MI	SC
BA	ER	IE	MO	SI
CH	FA	IL	NA	SP
DB	FI	IS	NN	TN
DE	FI	KR	NO	TT
EG	GE	LA	PE	TT
EH	HA	LB	RB	UP

Übung 6

Heute ein paar Fragen mit überraschenden Antworten:

1. Sie haben eine Streichholzschachtel mit nur noch einem Streichholz und betreten einen dunklen Raum, in dem sich eine Kerze, eine Öllampe und ein Gasherd befindet. Was zünden Sie zuerst an?
2. Sie überholen bei einem Radrennen kurz vor dem Ziel den Zweitplatzierten. Welchen Platz haben Sie dann?
3. Teilen Sie 30 durch 1/2 und addieren Sie 10. Wie viel ergibt das?
4. Wie viele Tiere jeder Art hat Moses mit in die Arche genommen?

Übung 7

Das Räderwerk

Auf der Abbildung sehen Sie 6 miteinander verbundene Räder. Das Antriebsrad unten rechts dreht sich gegen den Uhrzeigersinn.

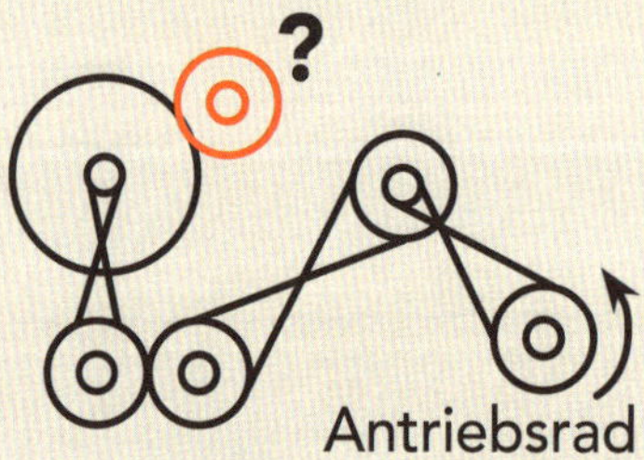

Wie dreht sich das rote Rad oben?

Übung 8

Die Parkbänke

Die Gemeinde will im Stadtpark neue Bänke aufstellen. Neben jedem Baum soll eine Bank stehen, waagrecht oder senkrecht. Die Bänke dürfen sich aber nicht berühren (auch nicht diagonal). Und die Zahlen am Rand geben an, wie viele Bänke in jeder Reihe oder Zeile stehen sollen.

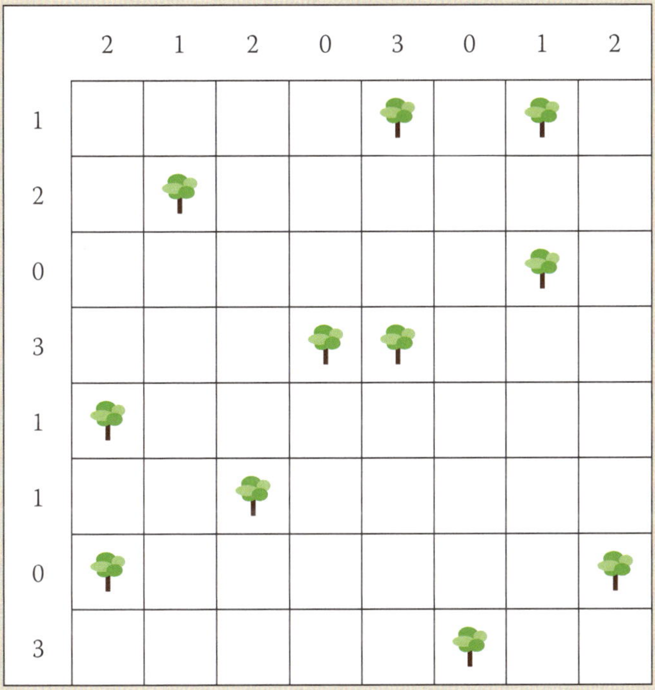

Übung 9

Wortfamilien

Bringen Sie in jeder Zeile die Buchstaben in die richtige Reihenfolge. Es sollen Wörter entstehen, die vorn oder hinten mit dem blauen Wort einen Sinn ergeben.

Fisch
USPNCEPH
OFPK
EEIR
AGNF

Öl
HEFAN
ANTREK
AEMNS
ZFALPZENN

Fußball
RTINARE
AFTSNCNHAM
AMDNE
DISTANO

Kopf
LLAB
LASU
ILZYDRNE
BOFHNAH

Übung 10

Anagramme

Anagramme sind unterschiedliche Wörter, die aus denselben Buchstaben in unterschiedlicher Reihenfolge bestehen, z. B. MAHL – HALM.

Bilden Sie mit den Buchstaben folgender Wörter je ein Anagramm. Sie müssen jeweils alle Buchstaben verwenden und dürfen keinen hinzufügen.

- RUMMEL
- ARCHE
- BOHLE
- LETZTE
- REGAL
- TRAUM
- SESAM
- GEHIRN

Übung 11

Die Blumenrechnung

Jede Blume steht für eine Zahl. Wie heißt die richtige Lösung in der letzten Zeile?

Übung 12

Gespiegeltes Alphabet

Die Zeichen sind gespiegelt. Tippen Sie mit einem Stift möglichst schnell der Reihe nach auf die Buchstaben des Alphabets. Welche Buchstaben sind doppelt?

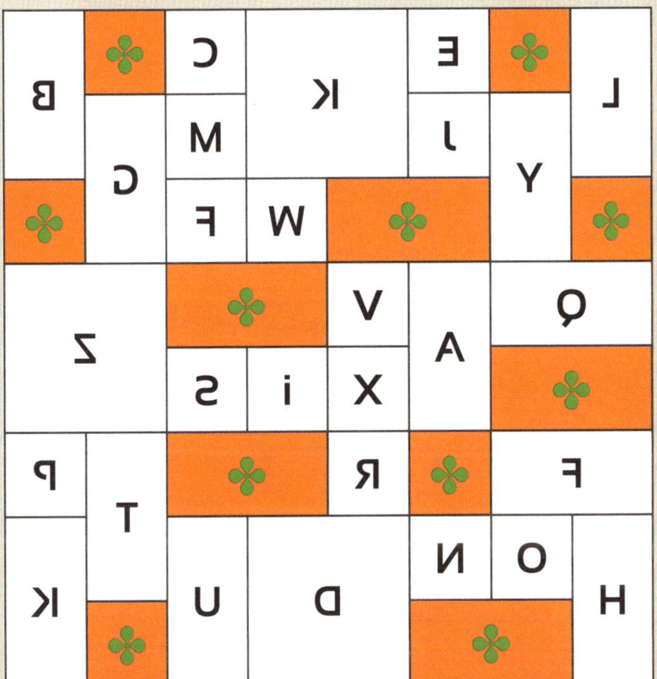

Übung 13

Wortbrücken

In jeder Zeile ist die Lücke mit einem Wort zu füllen. Dieses mittlere Wort soll sowohl mit dem Wort davor als auch mit dem Wort dahinter ein neues, sinnvolles Wort ergeben.

Seifen ______ Schläger

Brief ______ Form

Schnitt ______ Topf

Brat ______ Saft

Tage ______ Rücken

Kerzen ______ Öl

Schlag ______ Bruch

Weih ______ Wächter

Haar ______ Stück

Übung 14

Türhüterproblem

Ein Ritter will in eine Burg, doch vor dem Tor steht eine Wache, die das Passwort abfragt. Der Ritter lauscht: Beim ersten Ankömmling ruft die Wache „16", der Ankömmling antwortet „8". Dann kommt eine Frau, die Wache ruft „8", die Frau antwortet „4". Als Nächstes kommt eine Familie.

Die Wache ruft „28", der Vater der Familie antwortet „14".

Prima, das habe ich verstanden, denkt sich der Ritter.

Als er zum Tor geht, ruft die Wache „12". „6" antwortet der Ritter und wird sofort verhaftet. Was wäre die richtige Antwort gewesen?

Übung 15

Fahrzeug-Designer

Zeichnen Sie die folgenden vier Striche auf ein Blatt Papier:

| / \ |

Wenn Sie nur vier Striche hinzufügen, erhalten Sie ein Fahrzeug. Welches?

Übung 16

In der linken Spalte sind Personennamen gelistet. Prägen Sie sich diese gut ein. Dann decken Sie die linke Spalte ab und ordnen jedem Namen rechts die richtige Anrede (Herr/Frau) zu.

Olaf Meyer
Ulrike Holle
Anne Bergmeister
Dr. Erik Schiller
Tina Schuster
Dr. Petra König
Alexander Schwarzknecht
Ursula Birkenbach
Helmut Schmidt

Meyer
Holle
Bergmeister
Schiller
Schuster
König
Schwarzknecht
Birkenbach
Schmidt

Übung 17

Konzentriert lesen

Bei diesem Text sind die Wörter unüblich zertrennt und die Satzzeichen fehlen. Sie erfahren hier etwas über eine Würz- und Heilpflanze, die unter anderem auch bei Vergesslichkeit hilfreich sein soll (ü = ue, ä = ae).

Ein Eural Tehe iLpfl an Zeer freut sic hste tigg Ross erbe Liebt heit
Manbr auch tinsch attig enpar ksnu rimm erde rnas enac hzug
Ehen Umd enwu erzig enba erlauc hzufi n Densch ondie alt Enger
man ens ammel tendi Ege sund Enbla ette rund glaub tend Urch
denver zehr zuba erenk raef ten zuge Lang Ende Sinten siven
Geru chswe genw irddi epflan zeauchwil derkn oblaU chgen annt
baer lauc histb Esser vertra eglic halsk Nobl auch ersE nktb
Lutzuc kercho Leste rinun db Lutd ruckr Einig tader nundb Lutun
distg Utfu erleb ermage nund Dar mund nichtz Uverg Esse nerhi
Lftge genv Erkalk Ung

Übung 18

Anagramme

Bilden Sie mit den Buchstaben eines jeden Wortes links einen neuen Begriff. Sie müssen dazu von jedem Wort alle Buchstaben einmal verwenden, so, wie im Beispiel in der ersten Zeile. Es darf kein Buchstabe übrig bleiben!

MAHL	HALM
RUMMEL	________
ARCHE	________
BOHLE	________
LETZTE	________

Übung 19

Geschenke zum Geburtstag

Denken Sie sich in jeder Zeile zum vorgegebenen Buchstaben ein Wort aus: ein Herr (Vorname) schenkt einer Dame (Vorname) ein passendes (Adjektiv) Geschenk (Substantiv). Ein Beispiel sehen Sie in der ersten Zeile.

	Herr schenkt	Dame	ein	Geschenk
A	Andreas	Annette	antikes	Armband
B	B	B	b	B
E	E	E	e	E
M	M	M	m	M
S	S	S	s	S
W	W	W	w	W

Übung 20

Ein Mann irrt durch die Wüste ohne Wasser. Endlich trifft er jemanden, der gerade aus einem Krug trinkt und diesen wieder verkorkt. Der Mann bittet ihn um etwas Wasser und erhält als Antwort: „Du darfst unter drei Bedingungen aus dem Krug trinken:

Du darfst den Korken nicht herausziehen.

Du darfst den Krug nicht zerbrechen oder ein Loch hineinmachen.

Du darfst auch den Korken nicht zerstören oder durchlöchern."

Der Mann stimmt zu und löscht seinen Durst. Wie hat er das gemacht?

Übung 21

Thomas kauft ein Auto für 600 € und verkauft es wieder für 800 €. Dann kauft er es für 1.000 € zurück und verkauft es wieder für 1.200 €.

Wie viel Profit hat Thomas gemacht?

Lösungen

Übung 1

5158125685l**5148**2357961185601025265148200022ll32320

45687358963214874266**6873**9122365449879846873321245

468836584225795**2154**1454655211245962142154552111445

56457921026541554l**0587**2366551236597892036465446355

25874156982336695698**5698**78965454123259698520145988

235578985**7845**4969612585963021415669745300,32415656

6478921365**3025**785667892114632345302589945239225530

5488**5521**123656895366988742156658814552126558545655

Übung 2:

FID kommt neunmal vor.

Übung 3:

Es sind elf Gruppen.

Übung 5:

GEHIRNSCAN

N**O**RWEGISCH

AB**E**NDBLATT

BAL**L**SPIELE

EHEP**A**RTNER

FISCH**S**UPPE

FARBENSINN

HALBFIN**A**LE

DEMOKRAT**I**E

HEILMITTE**L**

Übung 6:

1. Das Streichholz; **2.** Sie werden Zweiter; **3.** 70; **4.** Gar keins, der Mensch mit der Arche hieß Noah

Übung 7:

Im Uhrzeigersinn

Übung 8:

Übung 9:

FischSCHUPPEN; FischKOPF; FischEREI; FischFANG; ÖlHAFEN; ÖlTANKER; ÖlSAMEN; PFLANZENÖl; FußballTRAINER; FußballMANNSCHAFT; DAMENFußball; FußballSTADION; KopfBALL; KopfLAUS; ZYLINDERKopf; KopfBAHNHOF

Übung 10:

(Eventuell könnten auch andere Wörter stimmen)

RUMMEL	MURMEL
ARCHE	RACHE
BOHLE	HOBEL
LETZTE	ZETTEL
REGAL	LAGER
TRAUM	ARMUT
SESAM	MASSE
GEHIRN	HERING

Übung 11:

101 (Punkt vor Strich beachten!)

Übung 12:

F, K

Übung 13:

Lösung: Schaum, Kasten, Blumen, Apfel, Buch, Duft, Wort, Nacht, Schmuck

Übung 14:

Die richtige Lösung wäre „5" gewesen. Man muss die Zahlen als Wörter sehen und die Zahl der Buchstaben zählen. Zwölf hat fünf Buchstaben.

Übung 15:

Durch Zufügen von vier Strichen können Sie das Wort TAXI bilden.

Übung 17:

RUMMEL	MURMEL
ARCHE	RACHE
BOHLE	HOBEL
LETZTE	ZETTEL

Übung 19:

B	Bernhard	Brigitte	bunte	Blumen
E	Ernst	Erna	echte	Edelsteine
M	Max	Maria	milden	Mokka
S	Stephan	Sophia	schönen	Schmuck
W	Walter	Waltraud	wilden	Wein

Es sind natürlich noch viele andere Lösungen möglich.

Übung 20:

Da der Mann den anderen aus dem Krug trinken sah, wusste er, dass der Krug nicht voll ist – also drückt er den Korken hinein.

Übung 21:

Lösung: Thomas hat 400 € verdient. Nehmen wir an, er hat anfangs auf dem Konto 1.000 €, davon nimmt er 600 € für den Kauf, verbleiben auf dem Konto 400 €, nach dem Verkauf für 800 € hat er 1.200 € auf dem Konto. Davon nimmt er 1.000 €, um das Auto wieder zu kaufen, bleiben 200 €, nach dem erneuten Verkauf für 1.200 €, hat er nun 1.400 €, also 400 € mehr als zu Beginn.